Sollte diese Publikation Links auf Webseiten Dritter enthalten, so übernehmen wir für deren Inhalte keine Haftung, da wir uns diese nicht zu eigen machen, sondern lediglich auf deren Stand zum Zeitpunkt der Erstveröffentlichung verweisen.

Wir danken für die Unterstützung:

Abteilung für Kunst und Kultur der NÖ Landesregierung.

1. Auflage
© 2023, Vermes-Verlag Ges.m.b.H.
Kleine Tullnbachgasse 64, 3430 Tulln an der Donau
Alle Rechte vorbehalten.

Text: Uwe-Michael Gutzschhahn
Umschlag und Innenillustrationen: Linda Wolfsgruber
Lektorat: Natalie Tornai
Satz und Gestaltung: Lorenz+Zeller GmbH, Inning a. Ammersee
Druck: Gugler GmbH, Melk/Donau
Printed in Austria
ISBN 978-3-903300-69-9
www.vermes-verlag.com

PurePrint®
innovated by gugler* DruckSinn
Gesund. Rückstandsfrei. Klimapositiv.
drucksinn.at

Uwe-Michael Gutzschhahn • Linda Wolfsgruber

Der kleine Eiskönig

In der vergangenen Nacht hatte ich einen sehr seltsamen Traum. Es muss mit dem Vollmond zusammenhängen. Ich träume sonst nie. Oder jedenfalls erinnere ich mich nicht, wenn ich aufwache, dass ich geträumt habe. Heute Morgen war das ganz anders. Es ist, als ob ich noch mittendrin stecke. Wenn du mir nicht sagst, dass ich wach bin, kann ich glauben, was ich will. Es macht keinen Unterschied.

Ich sehe alles genau vor mir. Vor allem das Schiff mit dem Eisberg im Schlepptau, wie es ganz still unter dem gleißenden Sonnenlicht durch das perlende Wasser auf mich zukommt. Ein Eisberg? Du wirst dich fragen, wie der denn in meinen Kopf kommt. Wo es doch hier gar keine Eisberge gibt. Nicht einmal Schnee.

Wie kommt man dazu, von einem Eisberg zu träumen, wenn man noch nie einen gesehen hat? Ich weiß es nicht. Ich habe ein Buch gelesen, in dem stand, dass man früher, als es noch keine Kühlhäuser oder Gefriertruhen gab, Eis aus Gebirgshöhlen schlug, zu Tal brachte und dann, in große Quader geschnitten, per Schiff nach Ägypten lieferte gegen die Hitze. Das Eis war begehrt. Und die reichen Ägypter haben sehnsüchtig auf die Eisschiffe gewartet, die von weither gefahren kamen.

Das hat nicht viel mit mir zu tun, denn ich lebe nicht in Ägypten, und ich habe noch nie ein Schiff gesehen, aus dem Lastkräne riesige Eisquader hoben.

Andererseits scheint mir der Gedanke, mit einem Eisblock im Schlepptau übers Meer zu fahren, gar nicht so abwegig. Schließlich lösen sich immer mehr Schollen vom Nordeis und machen sich auf die Reise nach Süden. Und wenn eine Möwe, die dort oben am arktischen Polarkreis lebt, einfach auf so einer Eisscholle sitzen bliebe, könnte sie lange Schiff fahren und bestimmt weit kommen, ohne einmal die eigenen Flügel zu bewegen. Das ist also gar nicht unmöglich sich vorzustellen. Auf jeden Fall müssen all diese Gedanken nachts zu dem seltsamen Traum geführt haben.

Wieso ich überhaupt von kalten Eisbergen träume, wo sich jeder viel lieber einen warmen Sommertraum wünscht gegen die schneidende Kälte des augenblicklichen Dauerregens? Weißt du, mein Traum ist kalt und heiß zugleich, er hat eine Sommer- und eine Winterseite. Das klingt vielleicht merkwürdig, aber wer kann schon die Kälte restlos aus seinem Kopf räumen? Nicht mal im Traum geht das. Immer spürt man die kalten Füße, auch wenn man noch so glühend träumt.

Während ich das alles erzähle, ist der Eisberg viel kleiner geworden. Du kannst dir vorstellen, wie er in der wärmer werdenden Sonne allmählich schmilzt, je weiter er nach Süden kommt. Auch das Meer wird wärmer, weshalb er unten mit seinem Sockel ständig tiefer ins Wasser sinkt. Es wirkt, als würde das Schiff, das ihn schleppt, immer größer werden. Aber das ist eine Täuschung.

Die Aufbauten ragen jetzt riesig und dunkel empor. Bis weit über die Spitze des Eisbergs hinaus, den das Schiff da so hinter sich herzieht, fast wie ein Spielzeug. Die gebogene Rauchfahne über dem Schornstein erreicht den weißen Gipfel nicht mehr. Aber die Möwe hätte auf seiner Spitze noch genügend Platz. Wie lange sie wohl schon so unterwegs ist, denke ich und berechne den Weg vom arktischen Meer bis zu mir mit Atlas und Faden und halte die Schrumpfungen des Eisbergs dagegen. In meinem Traum war er von Anfang an ein spitz aufragender Kegel und nie eine tafelförmige Scholle, selbst wenn er noch so dick aus dem Meer ragt. Du fragst, wie man denn aber aus so einem Kegel später Eisquader schneiden soll, wenn er sein Ziel erreicht. Das weiß ich doch nicht. Und ich weiß auch nicht mal, wohin das Schiff unterwegs ist, wenn nicht zu mir. Aber das kann nicht sein, dass mir jemand einen ganzen Eisberg schickt. Und was soll ich damit? Es gibt ja Kühlschränke und Tiefkühltruhen, in denen man alles, was ich irgendwann essen möchte, aufbewahren kann.

Wer sonst kann mit dem Eisberg etwas anfangen?, frage ich mich. Es scheint mir völlig sinnlos zu sein, ein Schiff nach Norden zu schicken, um dort einen Eisberg zu holen. Aber das macht nichts. Wie gesagt, es ist ein sehr schöner Anblick. Und außerdem kann ich mir auch jetzt immer noch vorstellen, dass auf seiner Spitze die Möwe hockt und Ausschau hält, als wäre sie Noahs Taube.

Und dann ist es auf einmal ganz einleuchtend, dass das Schiff unterwegs ist. Nur die Möwe weiß, wonach sie sucht. Sie ist eine Art König auf einem Thron oder doch wenigstens der Kurier eines Königs, stellvertretend für ihn selbst unterwegs, der sein Reich in Gefahr sieht, das mit jeder Scholle, mit jedem Spitzberg, der abbricht, weniger wird. Es ist nur ein kleiner König, doch stolz auf sein Schneereich, dessen schöne weiße Kristalle wie Lüster glitzern, wenn er ein Fest gibt.

Nur dass es seit Langem kein Fest mehr gegeben hat. Mit wem soll er denn auch in der Kälte da oben feiern?, sagst du. Da ist doch keiner, da kann man nichts anderes tun als frieren. Das stimmt schon. Das ist vielleicht wirklich der Grund, warum er seinen Kurier, auf einem Eisblock hockend, hinaus in die Welt geschickt hat. Er macht sich Sorgen um sein Reich und was werden soll, wenn es irgendwann nur noch eine einzige kleine Eisscholle ist und nicht einmal das jemand merkt, weil niemand hinauffährt und den König besucht, um mit ihm zu feiern im kristallenen Glitzern des Eises.

Natürlich hätte der König seinen Kurier auch gleich auf dem Schiff hinaus in die Welt fahren lassen und sich den Eisberg sparen können. Aber wer würde ihn dann bemerken? Es ist ja eben kein großer König mit einem mächtigen Reich, auf den die Regierenden der Welt gewartet haben. Er hat nur das Eis und muss um Gnade bitten, weil sogar das ihm noch fortschmilzt. Und niemand sieht ihn. Deshalb kann der Kurier des Königs unmöglich auf dem Schiff selber fahren.

Was ist eine Möwe auf einem Schleppschiff? Sei ehrlich, würdest du nur ein einziges Mal den Kopf nach ihr wenden? Sie überhaupt bemerken, selbst wenn das Schiff schließlich im Hafen anlegt? Ausgerechnet im Hafen, wo es von Möwen wimmelt, die alle auf nichts als einen Happen zu fressen warten? Wie soll man da den Kurier des arktischen Königs finden? Ich wette, du würdest ihn übersehen. Ich vielleicht auch.

Das Problem ist wirklich nur, dass der Eisberg im Schlepptau des Schiffes immer noch kleiner wird. Er ist, seit wir das letzte Mal davon sprachen, schon wieder deutlich geschrumpft. Allmählich verliert er seine ganze imposante Gestalt. Stell dir vor: ein riesiger Eisberg, der übers Meer wandert. Das war ein Anblick. Wenn du das hättest sehen können, wärest du tief beeindruckt gewesen und wie ich aus dem Staunen nicht mehr herausgekommen. Ein Berg, der sich bewegt, ein weißer Riese, der gen Süden schwimmt, dreimal so groß wie ein Wal. Das ist nicht irgendetwas. Du kannst ihn von Weitem erkennen. Schon wenn er am Horizont auftaucht. Er bildet sofort eine Zacke in der gewölbten Linie zwischen Himmel und Meer, als ritze er sich in dein Bewusstsein, ohne dass du es richtig merkst. Denn du weißt ja noch gar nicht, dass das ein riesiger Eisberg ist, was da hinten über den Horizont schwimmt, ein gewaltiger Brocken. Unübersehbares Zeichen aus einem fernen, vergessenen Reich, das der Eiskönig schickt. Auch ich hatte davon keine Ahnung.

Jetzt, jetzt, da, schau nur! Jetzt löst sich die Schlinge, das Tau, mit dem der Eisberg im Schlepp hing. Das Tau liegt nun lose im Wasser, als wollte es untergehen. Hast du gesehen, wie es nach unten weg glitt? Natürlich, der Eisberg ist von der Sonne ganz glatt und schlüpfrig geworden. Kein Widerstand mehr und außerdem ist die Schlaufe viel zu groß für den Berg. Dann war also alles umsonst?, fragst du. Das Schiff ist ganz umsonst aus dem Nordmeer aufgebrochen? Das habe ich ja gleich gewusst. Ja, ja, du hast es gewusst. Und der König? Wird der nun in seinem Kristallreich sterben?

Aber guck doch, die Möwe, sie sitzt noch immer auf dem kleinen Stück Eis. Es ist, als hätte die Möwe gar keine Angst, mich zu sehen. Als hätte sie nur auf diesen Moment gewartet. Ich überlege, ob ich ihr entgegenlaufen soll, ins Wasser, in die schwappende Dünung, auf der der Rest vom Eis tanzt. Und die Möwe mit ihm. Sie selber ganz unbeweglich, als wäre sie festgefroren. Das sieht ziemlich seltsam aus, wo die Spitze nun völlig unter Wasser und gar nichts mehr außer der Möwe zu sehen ist.

Aber vielleicht kriegt sie Angst, wenn ich zu nahekomme, und fliegt davon und alles ist völlig umsonst gewesen. Was war umsonst?, fragst du. Dass sie gekommen ist, antworte ich. Dass sie da ist. Ich bin jetzt fast bei ihr. Sie sieht mich an. Es sind noch zwei Schritte. Ich strecke die Hand aus. Da legt sie den Kopf nach hinten, hebt den gelben Schnabel steil in die Luft und lässt einen kurzen Schrei hören. Was sagt sie?, fragst du. Wie soll ich das wissen? Niemand versteht, was eine Möwe schreit. Und was soll dann das Ganze?, fragst du. Wenn wir sie gar nicht verstehen?

Jetzt hebt sie sich in die Luft und krächzt noch einmal, als wollte sie mich an das kleine, im Wasser schwimmende Stück Eisberg erinnern. Ich bücke mich. Und halte das Stück in der Hand. Das Eis ist nicht mehr weiß, sondern klar wie ein Kristall. In der Mitte ein Zettel. Ein kleiner schneeweißer Zettel. Wenn ich das Eis so halte, dass sich die Sonne darin nicht spiegelt, sehe ich, dass etwas darauf steht. Es ist eine ziemlich krakelige Schrift. Aber ich kann sie lesen. Es steht nicht viel da. Nur vier kurze Worte:

RETTE MICH! DEIN EISKÖNIG